KB146526

내가 보고 듣고 깨달은 것들

Quel che ho visto, udito, appreso...

내가 보고 듣고 깨달은 것들

조르조 아감벤 지음

윤병언 옮김

Critica

1. 본문의 주는 모두 옮긴이의 것이다.
2. 문헌 가운데 단행본은 겹낫표 『』로 표시했다.
3. '내가 조르조에게 배우고 느낀 것들'은 옮긴이가 지은이에게
   헌정하는 글로서 한국어판에만 실렸다.

내가 보고 듣고 깨달은 것들

*   산 자코모 다 로리오San Giacomo da l'Orio는 베네치아의 산타 크로체 구역에 위치한 성당이다. 베네치아에서 가장 일찍 축조된 건축물들 가운데 하나다. 9세기와 10세기 사이에 세워진 이 성당의 골격은 고딕 양식이지만 시간이 흐르면서 많은 재건축 과정을 거쳤다. 종탑은 12세기에 세워졌다. 종이 울릴 때 성당 주변을 걷다 보면 골목 사이사이로 파고드는 종소리가 온몸을 휘어 감는 듯한 느낌을 준다.

산 자코모 다 로리오*에서 종소리를 들었다. 종교인들이 사람들을 불러 모으기 위해 사용하는 목소리와 종소리 가운데 종소리는 무척 친근해서 들을 때마다 마음이 한결 부드러워지는 것을 느낀다. 목소리는 너무 직설적이라 나를 부를 때 경솔하다는 느낌마저 주는 반면 종소리는 이해가 필요한 말을 하지 않는다. 종소리는 부르지 않는다. 나를 부르는 것도 아니다. 그저 함께하면서 그 맹렬한 울림으로 나를 휘어 감고는 너무나도 감미롭게—울리기 시작할 때처럼 아무런 이유 없이—수그러든다. 아무런 말도 없이 무언가를 말할 수 있는 소리, 그것이 내게는 종소리다. 산 자코모 다 로리오에서 내가 들은 것이 바로 이 종소리다.

로마에서 누군가가 이렇게 말하는 것을 들었다. 지구는 우리가 알지 못하는 또 다른 별의 지옥이고, 우리의 삶은 그 별에서 저주받은 이들이 지은 죄 때문에 받는 형벌이라고. 하지만 그렇다면 하늘과 별이 있고 귀뚜라미가 노래를 부르는 이유는 어떻게 설명해야 하나? 오히려 형벌이 더욱더 잔혹하고 날카롭게 느껴지도록 지옥을 다름 아닌 천국에 심어놓았다고 봐야 하지 않을까?

*   그리쉬네쉬와르Grishneshwar 사원은 인도의 엘로라 석굴 근교에 위치한 힌두교 사원으로 첨탑 유형의 5층 시카라다. 힌두교의 주요 세 신 가운데 하나인 시바에게 헌정되었다. '그리쉬네쉬와르'라는 말은 문자 그대로 '자비의 주인'을 뜻한다. 힌두교도의 순례 행렬이 끊이지 않는 중요한 성지 가운데 하나로 18세기에 오늘날의 모습으로 재건되었다.

**   이 아포리즘은 아감벤이 인도를 여행하면서 그리스도교와는 상당히 다른 유형의 신성을 느끼고 경험하는 가운데 무척 인상 깊게 목격했던 한 장면을 묘사한 것이다.

그리쉬네쉬와르*에서, 그것도 다름 아닌 사원의 문턱에서, 나는 날씬하고 신성해 보이기까지 하는 염소 한 마리가 머뭇거리는 모습을 보았다. 잠시 무언가를 묻는 듯한 눈초리로 나를 쳐다보더니 문턱에서 불현듯 자취를 감추었다.**

조반니*에게서 나는 사람이 자신의 실수와 사랑에 빠질 수 있고 끝내는 이를 삶의 계기로도 삼을 수 있다는 것을 깨달았다. 결국에는 진리가 우리 눈에 죽으려는 의지처럼 보일 수밖에 없다는 것도. 내가 바슐라르에게 배운 것도 이것이다. 최초의 진리란 존재하지 않는다. 최초의 실수만이 존재할 뿐이다. 진리는 언제나 최후의 진리이거나 최후 직전의 진리다.

* 쉬클리Scicli는 시칠리아 남부에 위치한 바로크풍 도시로 이곳에 아감벤의 여름 별장이 있다. 이 글에서 아감벤은 한여름에 밀짚과 대리석을 구분하기 힘들 정도로 뜨거워지는 쉬클리 마을의 풍광을 묘사하고 있다.

** 전해 내려오는 바에 따르면 11세기 말 사라센인들이 시칠리아를 침공했을 때 시칠리아인들의 기도를 들은 성모 마리아가 위기에 몰린 시칠리아를 구하기 위해 전사의 모습으로 나타나 전쟁을 승리로 이끌었다고 한다. 이를 기념하기 위해 만든 성모상은 백마를 타고 칼을 든 모습의 마리아상이며 쉬클리 대성당에 안치되어 있다. 매년 5월 마지막 토요일에 이 전사-마리아를 기리는 축제와 연극이 광장에서 벌어진다.

*** 쉬클리의 가장 높은 언덕에 위치한 성 마태오 성당은 실제로 도시 전체를 내려다보며 바다를 향해 무언가를 하염없이 기원하는 듯한 인상을 준다.

쉬클리*에서 나는 돌들이 살결보다 더 부드러워지는 것을, 밀짚이 햇빛보다 더 찬란하게 빛나는 것을 보았다. 성모**가 말을 타고 불신자들을 칼로 찌르려 하는 모습도, 아크로폴리스의 성 마태오 성당***이 결코 실현될 수 없는 무언가를 기다리는 모습도.

나는 세계 곳곳 어디서든 인간들이 서로 헐뜯고 모략하는 것을, 바로 그런 이유에서 용서나 자비를 모른 채 판결과 처벌에 시달리는 것을 보았다.

* 아펠레스Apelles는 서기 2세기의 그리스 영지주의 신학자다. 마르키온의 제자였지만 스승과 결별한 뒤 이집트 알렉산드리아에서 활동했고, 마르키온처럼 구약에 대해 비판적인 견해를 지녔으나 종교적 일원론을 지지하며 신구약의 통일성을 지지했다.

영지주의자 아펠레스*에게서 나는 지식이—신에 대한 앎도—존재하지 않는다는 것을, 만약 존재한다면 혹은 존재하듯 남는다면 그 앎은 전혀 중요하지 않다는 것을 깨달았다. 결정적인 것은 오로지 그로 인해 우리가 '움직였다는' 것, 앎이 우리를 '자극'한다는 사실이다.

* 괴레메Göreme는 튀르키예의 카파도키아에 있는 고대 도시들 가운데 하나다. 진기한 암석 지대가 형성되어 있는 카파도키아 중에서도 괴레메는 버섯 모양의 기묘한 암석층이 절경을 선사하는 곳이다. 암석을 파서 만든 초기 그리스도교 시대의 석굴 교회들이 이곳에 많이 남아 있다. 이 교회들 가운데 하나인 토칼리 교회Tokali Kilise 내부에는 성인들의 모습을 담은, 10세기와 11세기의 프레스코화가 다수 보존되어 있다.

괴레메의 토칼리 교회*에서 나는 성인의 얼굴을 보았다. 그의 얼굴을 바라보고 있노라면 그를 믿지 않을 수 없다는 것을 깨닫게 된다. 이처럼, 들으면 진실로 받아들이지 않을 수 없는 말들이 있다.

* 잉게보르크 바흐만Ingeborg Bachmann(1926~1973)은 오스트리아의 시인이자 소설가로 로마에서 세상을 떠났다. 바흐만은 로마에서 아감벤과 알고 지내는 사이였고 아감벤이 로마에서 숄렘과 아도르노를 만날 수 있었던 것도 바흐만을 통해서였다. 아감벤은 자서전에서 바흐만을 처음 만났을 때 그녀의 작품을 전혀 모르고 있었지만 후에는 그녀의 시를 외우기까지 하며 번역도 시도했다고 회상했다.

잉게보르크*에게서 우리가 사는 도시는 마치 언어와 같다는 것을 깨달았다. 도심의 구시가지는 조화로운 반면 허름한 변두리에 주유소나 교차로를 둔 도시는 우리의 언어를 닮았다. 주변에서 들려오는 나쁜 말들을 그냥 받아들이듯 우리는 도시의 볼썽사나운 모습도 어쩔 수 없이 받아들인다. 이는 아마도 어느 날 완벽한 도시, 이제껏 한 번도 들어본 적 없는 완벽한 언어를 발견하리라고 기대하기 때문일 것이다. 바로 그런 이유에서 우리는 왜 그런 곳에서 살아가는지, 왜 그런 언어로 말하는지 이해하지 못한다.

* 자테레Zattere는 원래 뗏목이란 뜻으로 베네치아에서는 뗏목으로 만든 길을 가리키기도 한다. 그런 의미에서 베네치아 남단 해변의 보행로를 예부터 자테레라고 부른다.

어느 날 밤 자테레*에서 물가 보행로에 매번 달려들 듯 철썩이며 더러운 물이 되돌아오는 모습을 훔쳐보다가, 나는 우리가 오로지 현존재의 간헐적인 순간에만 존재한다는 것을 깨달았다. 우리가 '나'라고 부르는 것은, 항상 사라지거나 스스로의 사라짐을 간신히 기억한 채 다시 나타나는 그림자에 불과하다. 우리의 몸은 오로지 그에게—'나'에게—숨쉬기의 틈새와 역행의 기회를 제공하는 데 쓰일 뿐이다. 스스로의 부재를 알선하는 그는 결코 잊을 수 없는 존재, 그를 위해서만 삶과 말이 주어졌는데 살지도 말하지도 않는 존재다.

스피노자에게서 나는 우리가 사물을 고려하는 방식이 두 가지라는 점을 깨달았다. 한 가지는 사물을 신 안에서 영원한 것으로 보는 방식이고, 다른 하나는 사물을 마치 신이 잘라낸 것처럼 시공간 안에 제한되고 유한한 것으로 이해하는 방식이다. 하지만 누군가를 진정으로 사랑한다는 것은 곧 그를 시간 안에서 보는 동시에 신 안에서도 본다는 것을, 지금 여기에 존재하는 그의 연약함과 그림자뿐만 아니라 신 안에 존재하는 그의 정수와 향기도 느낀다는 것을 의미한다.

* 칼라 펠치Cala Felci, 루치아 로사Lucia Rosa, 칼라 인페르노Cala Inferno는 이탈리아 티레니아해의 작은 섬 폰차Ponza에 있는 아담하고 아름다운 해변의 이름들이다. 모두 배를 타야 갈 수 있고, 작은 만의 형태로 움푹 파여 있어 무인도 같은 느낌을 줄 뿐 아니라 산호초색의 바닷물이 특별히 맑은 것으로 유명하다.

칼라 펠치에서, 루치아 로사의 암초에서, 칼라 인페르노에서 나는 한참 동안 색채를 바라보았다.*
다시 말해 행복을.

아잔타*의 암석에 파여 있는 신전의 그늘에서 나는 부처의 얼굴을 보았다. 연꽃 모양으로 앉아 가르침을 베푸는 그의 모습을. 바위가 뿜어내던 금빛 광채를 눈으로 감지하기 시작한 순간, 나는 명상이 무엇을 뜻하는지, 정신뿐만 아니라 몸까지 무위적으로 만든다는 것이 무엇을 뜻하는지 깨달았다. 명상의―영원의―순간에는 몸과 마음이 구분되지 않는다. 이것은 축복이다.

복음서를 읽으면서 나는 인간들이 서로를 판단하는 대신 사랑해야 한다는 것을 깨달았다. 판단이란 인간이 사랑에서 벗어날 때마다 의존하는 형벌이다.

* 　　　프랑코 나포Franco Nappo(1949~)는 나폴리 출신의 시인으로 고등
학교에서 이탈리아어와 역사를 가르친다. 문단의 주목을 받지 못했지만
아감벤이 상당히 높게 평가하는 시인이다. 아감벤에 따르면 박식한 어
휘와 고어, 방언, 은어를 함께 사용하는 이 시인의 전복적인 어휘 활용
은 "시간과 언어 간의 독특한 종말론적 중첩을 일으키며, 말들이 역사처
럼, 오래된 과거에서 부상한 뒤 현재로 느닷없이 부서져 내리는 느낌을
준다. 그의 언어에는 뜨거운 잿더미에 갇혀 사망했을 당시의 모습을 고
스란히 간직하고 있는 폼페이 시민들의 석고 시신과 비슷한 무언가가
있다." 나포는 "언어가 아니라 영원히 잃어버린 언어의 형언하기 어려울
만큼 까마득한 기억"을 향해 움직이며, 그런 의미에서, "인간이 언어를
향해 걷는다는 하이데거의 견해와는 정반대로, 언어가 누구를, 무엇을
향해 걷는지 묻는" 시인이다.

프랑코*로부터 나는 '마치 ~인 것처럼'은 중요하지 않고 '마치 ~은 아닌 것처럼'이 중요하다는 것을 깨달았다. 우리는 사실 '마치 신의 왕국이 아닌 것처럼' 살아간다. 우리가 '마치 ~인 것 같은' **구원**으로 만족하기를 바라는 자는 **우리가 이미 신의 왕국**이라는 유일한 진실 앞에서 우리를 기만하는 셈이다. 도덕주의자는 우리가 신의 왕국은 아니니까 '마치 신의 왕국인 것처럼' 살아야 한다고 말한다. 하지만 의인은 우리가 '신의 왕국이기 때문에', 바로 그런 이유에서, 마치 아닌 것처럼 살아갈 뿐이라고 말한다. 그는 마치 '우리' 외에 또 다른 길을 알지 못한다는 듯이 말한다.

*   괴테가 살았던 바이마르에서 불과 몇 킬로미터 떨어진 곳에 위치한 부헨발트 수용소에는 괴테가 휴식을 취하기 위해 머물곤 하던 참나무의 그루터기가 남아 있다. 아감벤은 나치가 이 사실을 내세워 괴테를 추앙하며 정치적으로 이용했다는 점이 특별히 혐오스러웠다고 말한다. 이 아포리즘은 나치의 위선에 대한 일종의 비판적 풍자에 가깝다.

괴테가 살았던 바이마르에서 나는 부헨발트 수
용소가 그의 생가와 너무 가까운 곳에 위치한 나머
지 기억 속에서는 두 장소를 구분하기가 더 이상 힘
들다는 것을 느꼈다.*

* 안나 마리아 오르테제Anna Maria Ortese(1914~1998)는 이탈리아의 소설가, 시인, 극작가, 수필가다. 『가난하고 단순한 사람들Poveri e semplici』로 스트레가 상을 수상했다. 현실을 세밀하고 예리하게 묘사함으로써 오히려 비현실적이고 환상적인 세계의 영역을 확장하는 글쓰기를 시도했던 작가다. 오르테제의 작품은 상상력에 의존하지만 정확한 서사를 통해, 가능성으로 포장된 '허구'를 재구성함으로써 현실 세계의 훨씬 더 복합적이고 미묘한 측면을 보여준다.

안나 마리아 오르테제*에게서 우리가 글을 쓰
는 이유는 어른들의 삶에서 벗어나 유아기의 천국을
재구축하기 위해서라는 점을 깨달았다. 하지만 그래
서 유아기의 동화를 발견하게 되면 안타깝게도 그것
이 결국 우리를 다시 어른으로 만든다는 것도.

나는 베네치아의 사람들이 미라에 가깝다면 도시는 유령에 가깝다는 것을 느꼈다. 그래서인지 사람들보다는 도시가 훨씬 생동적이다. 특히 밤에는.

*   르 토르Le Thor는 아감벤이 하이데거를 만나 그의 세미나에 참석
했던 곳이다. 아감벤은 자서전 『공부방에 있는 나의 모습Autoritratto nello
studio』에서 당시 만남을 이렇게 회고했다. "반세기가 지났지만 나는 그
해 9월의 햇살에 물든 프로방스 풍경을 아직도 잊지 못한다. […] 별들
로 수놓인 밤하늘의 들뜬 열기를 달래려는 듯 펼쳐지던 은하수의 모습
을 결코 잊지 못할 것이다. 그곳이 아마도 내가 마음을 감추고 싶었던
첫 번째 장소일 것이다. 그때 그 마음은 아마도 때가 묻지 않은 채로 쓸
쓸히, 어디인지는 정확히 모르지만, 소만느의 바위 밑 또는 아침마다 하
이데거가 세미나를 열며 강의를 시작하던 조그만 호텔 정원 혹은 르방
케의 오두막에 남아 있을 것이다." 아감벤에게 하이데거와의 만남은 "살
다 보면 완전히 현실에 속한다고 보기 힘들 만큼 결정적인 역할을 하는
만남이나 사건들" 가운데 하나였다.

1966년 르 토르*에서 나는 밤하늘에 촘촘히 박혀 있는 수많은 별을 바라보며 이들에게 충실하겠다고 약속했다. 그해 그곳에서 나는 서양철학의 옷자락 끄트머리를 가까스로 붙잡을 수 있었다.

*   '라이시슴laïcisme'을 '평신도주의'로 옮겼다. '라이시슴'은 종교인
이 아닌 평신도의 입장에서 교회가 정치나 제도에 관여하는 관행에 반
대하는 입장을 가리키는 용어로 프랑스혁명을 거치면서 정권과 교회의
분리 요구라는 정치적 의미를 띠게 되었다. 20세기 초에 프랑스에서 합
법화된 라이시슴은 종교의 자유를 보장하되 종교는 개인적 영역에만 존
재할 뿐 정치나 사회 등 공적 영역에 관여할 수 없다는 원리를 고수한
다. 정교분리, 반성직주의, 반교권주의의 유의어이기도 하다.

**   여기서 머리띠는 히잡을 가리킨다.

파리에서 나는 가장 비관용적인 종교가 평신도
주의*라는 것을 깨달았다. 한 소녀가 머리띠**를 둘
렀다고, 그녀를 죽인 경찰보다 그녀를 더 미워하는
것이 평신도주의다.

인도 철학자들에게 배운 것이 있다. 영혼은 환생할 때마다 자신의 전생을 망각하지만 마지막 단계에서 이끼가 되면 이끼는 인간이었던 때를 기억한다고.

*   투샤Tuscia는 에트루리아 문명이 쇠퇴한 뒤 에트루리아가 지배하던 오늘날의 이탈리아 중부 지역, 정확하게는 토스카나, 움브리아 서부, 라치오 북부를 어우르는 지대에 붙여진 이름으로, 고대 말기와 중세에 사용되던 용어다. 이 이름에서 '토스카나'라는 지명이 유래한다.

투샤*의 지하 묘지, 카포다키아의 석굴 교회, 그리고 아주 오래전 라스코에서, 나는 동굴과 정신 사이에도 하늘과 마음 사이를 연결하는 것 못지않게 강렬하고 직접적인 접점이 존재한다는 것을 목격했다.

글을 쓰면서 나는 행복이 시를 **쓰는** 데 있지 않고 우리가 모르는 무언가 혹은 누군가에 의해 우리 자신이 시처럼 **쓰이는** 데 있다는 것을 깨달았다.

아주 오래전 여름, 빈에서 한 친구와 이야기를 나누다가 나는 우리 안의 선한 부분을 떳떳하게 지키며 살아가는 것 못지않게 우리의 수렁과 굴욕도 떳떳하게 수긍하며 살아가는 것이 중요하다는 사실을 깨달았다. 전자만이 후자를 받아들일 수 있는 용기를 준다면 후자에 대한 인식만이 전자를 진실하게 만든다.

* 유아기를 뜻하는 이탈리아어 'infanzia'는 아감벤의 철학에서 단순히 시간적 차원의 어린 시절을 가리키지 않는다. 아감벤은 이 용어의 어원적 의미에 주목한다. 부정사 'in'과 '말하다'라는 뜻의 동사 'fari'의 합성어인 'in-fanzia'는 문자 그대로 '말을 (아직) 모르는 단계'를 가리킨다. 아감벤은 이 개념을 인간의 '경험'과 관련지어 성찰한다. 그의 입장에서는 '경험의 기원'도 '말을 모르는 상태'에 가깝다. 유아기는 어떤 시기가 아니라 '언어의 초월적인 기원'이다. 이 기원은 공시태와 통시태, 구조적인 것과 역사적인 것의 대립이 무산되는 어느 한 지점에 위치하며, 어떤 의미에서는 역사적 앎의 한계와 선험적 구조를 구축하는 초월적인 역사에 가깝다. 유아기라는 순수하고 초월적인 경험이 언어의 기원이라고 보는 아감벤은 경험을 이렇게 정의한다. "인간의 유아기에서처럼 경험은 인간적인 것과 언어적인 것의 단순한 차이에 지나지 않는다. 인간이 원래부터 말을 하는 존재는 아니라는 사실, 그가 유아적이었고 여전히 유아적이라는 사실이 곧 경험이다"(『유아기와 역사Infanzia e storia』).

유아기*에서 배운 것: 우리가 아직 말을 모르던 시절이 지나고 남는 것은 말뿐이다. 그 외에 우리는 모든 것을 잃는다. 말은 기억을 보존하는 고대의 유물과도 같다. 그것은 잠시나마 어린 시절로 되돌아가기 위한 작은 문에 가깝다.

*   요하네스 에리우게나Johannes Scotus Eriugena(810경~877 이후)는 아일랜드 출신의 수도사, 신학자, 번역가이자 중세 전기의 가장 중요한 철학자다. 에리우게나가 그리스어에서 라틴어로 번역한 위-디오니시우스Pseudo-Dionysius의 『디오니시우스 전집Corpus Dionysiacum』은 플라톤주의가 중세 철학을 지배하게 되는 과정에서 결정적인 역할을 했다. 1500년에 걸쳐 축적된 고대 철학의 궁극적 성취로 평가받는 그의 『자연구분론』에서 에리우게나는 만물이 신에서 유래하며 단계적인 구조를 이룰 뿐 아니라 모든 것이 다시 신에게 되돌아가는 만큼 이성과 신앙은 하나라고 설파했다.

**   엘리아 델 메디고Elia del Medigo(1458~1493)는 베네치아의 유대인 철학자로 다수의 뛰어난 번역서와 아베로에스에 대한 주석서, 유대 사상에 대한 저서들을 남겼다. 피코 델라 미란돌라Pico della Mirandola를 비롯해 상당수 이탈리아 신플라톤주의 철학자들에게 지대한 영향을 끼쳤다.

***   이삭 알발락Isaac Albalag은 13세기에 스페인에서 활동한 유대인 철학자, 번역가, 주석가다. 아베로에스주의자였고 알-가잘리의 『철학자들의 성향Maqasid al-falasifa』을 번역한 것으로 유명하다. 알-가잘리처럼 철학자들의 오류를 설명하고 수정하는 데 주력했다. 철학이 종교의 기반을 위협한다고 보는 견해 자체를 무너트리기 위해 노력했고, 철학이 종교와 공존할 수 있다는 생각으로 철학적 지식과 예언적 지식의 조화를 추구했다.

****   이 인용문은 에리우게나의 글이다.

나는 에리우게나,* 엘리아 델 메디고,** 이삭 알발락,*** 스피노자에게서 신에 관한 유일하게 의미 있는 교리가 범신론이라는 것을 배웠다. 범신론은 신과 자연의 추상적인 일치를 의미하지 않고 오히려 신의 현현과 변신이 사물 안에서, 사물의 구현과 변화가 신 안에서 일어난다는 것을 의미한다. 신은 스스로를 창조하면서 세계를 창조하고, 세계를 창조하면서 스스로를 창조한다. "신의 모습은 그의 현현을 통해 나타난다. 창조자와 피조물, 관찰자와 피관찰자, 본질과 우연, 이 모든 것이 도처에서 그의 현현으로 […] 창조하는 피조물 모두에게, 창조된 피조물 모두의 내부에서 드러난다."**** 신은 그가 자연화하기도 하고 자연화되기도 하는 모든 피조물을 통해 나타난다. 신은 그의 일 안에 녹아들며 사라지고, 그의 일도 신 안에 녹아들며 사라진다. 진정한 의미에서 신성한 것은 오로지 이 소진, 이처럼 신과 그의 일이 상쇄되고 망각되는 현상뿐이다.

*   콘스탄티노스 카바피스Konstantinos Petrou Kavafis(1863~1933)는 그리스의 저널리스트이자 시인이다. 그리스도교, 조국애, 이성애 등 전통적인 가치에 문제를 제기했고 이로 인해 많은 비판을 받았다. 주로 헬레니즘, 로마, 비잔틴 문명에서 영감을 얻어 시를 썼다.

카바피스*를 통해, 우리가 남긴 작품을 사람들이 계속 읽고 이해하는 것은 그다지 중요하지 않다는 사실을 깨달았다. 중요한 것은 오히려 지상에서 어느 날 사람들이 생전에 우리가 하려고 했던 것을 우리처럼 자유롭게, 더 이상 아무런 거리낌 없이 실천하는 일이다. 카바피스는 이렇게 말한다. "어쩌면 많은 애를 써가면서까지 / 나를 이해하려는 것은 그리 중요하지 않다. / 뒤이어, 보다 훌륭한 공동체에서 / 분명히 나 같은 누군가가 / 나타나 일을 할 것이다 ―자유롭게."

*   리 알베로니Gli Alberoni는 베네치아 석호의 방파제 역할을 하는 섬 리도 디 베네치아Lido di Venezia의 남단에 위치한 마을이다.

**   아감벤이 리 알베로니에서 본 이 여자아이는 그가 베네치아의 서재에 보관하고 있는 사진 속의 또 다른 여자아이와 여러모로 닮았다. 아감벤은 자서전 『공부방에 있는 나의 모습』에서 이름조차 모르는 이 사진 속의 여자아이에 대해 이렇게 말한다. "확실한 것은 이 아이가 마지막 날에 나를 인도하리라는 사실, 괴로워하면서도 비장한 그녀의 표정에서 엿볼 수 있듯이, 나를 용서하거나 내게 유죄 판결을 내리리라는 사실이다. 이 아이의 이미지가 상징하는 것은 고대 페르시아의 구원론에 등장하는 다에나Daena다. 낯선 날, 우리를 만나러, 하지만 우리의 행위와 생각이 빚어낸 모습으로 나타나는 다에나." 페르시아에서는 죽은 자의 영혼이 물질세계와 영적 세계 사이에 놓인 다리에 도달할 때 삶을 정의롭게 산 영혼에게는 아름다운 처녀의 모습으로, 그렇지 않은 영혼에게는 추한 노파의 모습으로 나타나는 여인을 다에나(영적 쌍둥이)라고 불렀다.

리 알베로니*에서 나는 천사처럼 말이 없는 한 여자아이**의 얼굴과 제스처를 보았다. 그 순간부터 나는 찾으려 할 뿐 이해하려 하지 않는다. 왜냐하면 그 얼굴에는 분명히 신비의 열쇠가 담겨 있지만 그 것을 손으로 거머쥐고 돌리는 순간 길을 잃을 것이 분명하기 때문이다. 그 얼굴과 제스처 위에서 참을 성 없이, 기다리며 나의 인생 전부가 흘러갔다.

*   산토 마차리노Santo Mazzarino(1916~1987)는 이탈리아의 역사학자다. 로마 대학에서 가르쳤고 기념비적 저서 『고대의 역사학적 사유Il pensiero storico classico』를 남겼다. 역사학에서 중요한 것은 '쇠퇴' 개념이라는 점에 주목했던 인물이다. 마차리노에 따르면 "재해와 고난의 시대에 관한 성찰이야말로 인류에게 주어지는 문제들 가운데 가장 매력적인 동시에 가장 까다로운 문제다. 관건은 인간이 영원하다고 믿지만 불가항력적인 사건들에 의해 파괴될 수도 있는 가치의 정당성이라는 문제다."

한 인간이 이루려는 꿈이야말로 그의 한계라는 것을 마차리노*에게 배웠다. 우리는 가장 자신 있어 하고 가장 완벽할 수 있다고 믿는 곳에서 우리의 한계 역시 발견한다. 바로 그런 이유에서 자신의 꿈 자체를 문제 삼을 수 있고, 가능하면 곧장 돌이킬 줄 아는 것이 중요하다.

* 호세 베르가민José Bergamín(1895~1983)은 정치와 종교를 주제로 글을 쓰며 활동했던 에스파냐의 시인이자 민주 투사다. 반-파시즘 운동에 앞장섰을 뿐 아니라 파리에서 결성된 에스파냐 망명정부의 수뇌부 일원이었다. 오랜 망명 생활 끝에 1970년이 되어서야 고국으로 돌아왔다. 아감벤은 자서전에서 베르가민을 이렇게 기억했다. "베르가민은 젊은 시절의 나에게 커다란 영향을 끼친 인물이다. 그는 어떻게 보면 시몬 베유와 정반대였다. 그와의 만남을 지배하는 것은 오히려 기쁨이었다. 그는 매번 다른 종류의 기쁨, 매번 강렬한 느낌의 기쁨을 선사했고, 우리는 마치 있을 수 없고 견디기도 힘든 기쁨을 맛보기라도 한 듯 믿을 수 없다는 느낌과 변화된 느낌, 한결 가벼워진 마음으로 돌아오곤 했다. […] 내가 모든 비극적인 태도를 거부하고 희극을 선호하게 된 것은 그의 영향이 크다."

** '카르만karman' 혹은 '카르마karma'는 문자 그대로 '행위'를 뜻하지만 실제로는 어떤 행위와 이에 뒤따르는 결과 사이의 본질적인 연관성을 가리키며, 그런 의미에서 업보를 뜻한다. 아감벤은 '카르만'이 범죄를 뜻하는 라틴어 '크리멘crimen'과 닮은꼴이라는 점에 주목한 바 있다. 크리멘은 실제로 누군가가 저질렀다고 지적할 수 있는 행위와 이 행위에 뒤따르는 결과의 연관성을 가리키며, 그런 차원에서 죄를 의미한다.

*** 아트만Ātman은 문자 그대로 본질 혹은 목숨을 가리키는 용어로 개인의 영혼 혹은 자아 내지 주체를 의미한다.

**** 엘사 모란테Elsa Morante(1912~1985)는 이탈리아의 소설가, 시인, 번역가, 동화 작가다. 저명한 이탈리아 소설가 알베르토 모라비아의 아내로, 어려서부터 독학에 의존하며 글을 쓰기 시작했다. 일찍부터 모란테와 각별한 사이였던 아감벤은 그녀에게 많은 영향을 받았다. 그가 파솔리니를 만난 것도 모란테를 통해서였다.

호세 베르가민*과 내가 사랑하는 철학자들을 통해 비극보다 희극이 훨씬 더 진실하고, 죄보다 무고함이 훨씬 깊이 있다는 것을 깨달았다. 싯다르타에게서 죄의 행위(카르만)**만 존재할 뿐 죄를 지은 주체(아트만)***는 존재하지 않는다는 것을, 엘사****에게서 허구를 고스란히 믿으면 모든 것이 사실로 변한다는 것을 배웠다.

'사랑'에서 무엇을 배웠나? 사랑의 은밀함은 어떤 정치적 본질 같은 것에 가깝다. 그렇지 않다면 사람들은 그것을 공유하는 것이 세상에서 가장 귀중한 자산인 듯 행동하지 않을 것이다. 그럼에도 사랑의 은밀함은 정치에서 제외되고, 사실상 이에 대해 무언가를 더 잘 알고 있는 듯 보이는 여성들의 보호에 의탁된다. 우리 사회가 고질적으로 남성우월주의적이며 모순적인 것도 이 때문이다.

*   '축복'은 단테의 연인 베아트리체beatrice의 이름이 지닌 의미기도 하다. 단테의 문학 세계에서 지성은 일종의 씨앗이며, 지적 경험을 중심으로 형성되는 감성적인 언어가 다름 아닌 시의 밑거름이 된다. 단테의 입장에서 지성은 인식을 추구하는 자연적 원칙에 그치지 않고 보다 깊은 의미에서 인간의 지적 한계 자체를 받아들이고 신의 지성에 의탁할 줄 아는 기량을 의미한다.

파리에서 보나르의 그림들을 감상하며 나는 색채가―황홀경의 형식인 만큼―지성이자 건설적 이성이기도 하다는 것을 깨달았다. 사람들이 흔히 생각하는 것과 정반대로 "데생은 감성적이고 색채는 이성적이다." 지성은 단순히 인식의 원리에 그치지 않는다. 지성은 깊은 내면의 차원에서―단테가 부르던 대로―일종의 '축복'*이다. 그런 의미에서 지성은 화폭에도, 삶에도 형태를 부여한다.

*　　전설에 따르면 시인 호메로스가 아테네를 향해 여행하던 도중 잠시 이오스 섬(호메로스의 무덤이 있는 곳)에 머물렀을 때 이 섬의 주민들이 시인에게 죽음을 대가로 까다로운 질문 하나를 던진 뒤 답변을 못하자 죽음을 선사했다고 전해진다.

**　　호메로스를 가리킨다.

호메로스의 죽음에 관한 전설*에서 나는 인간과 언어의 싸움이 사투에 가깝다는 것을 깨달았다. 언어의 존재가 인간에게 제시하는 수수께끼는 풀리지 않지만 알고 보면 관건은 고기잡이들이 부둣가에서 시인**에게 던지는 것과 비슷한 유형의 장난스러운 수수께끼다.

*   아베로에스Averroes(1126~1198)는 이븐 루시드Ibn Rushd의 라틴어 이름이다. 에스파냐의 안달루시아에서 활동한 아랍계 철학자이자 주석가로 아리스토텔레스 사상을 전파하는 데 크게 기여했다.

**   '유일한 지성'은 아베로에스가 아리스토텔레스의『영혼에 관하여 De Anima』를 해석하는 과정에서 강조했던 개념이다. 아리스토텔레스는 수동적 지성과 능동적 지성을 구분하면서 전자는 개념을 획득하는 데, 후자는 개념을 판단하고 조합하는 데에 쓰인다고 보았다. 능동적 지성이 담당하는 일은 지각 가능한 대상을 물질로부터 추상적으로 분리시켜 수동적 지성에 각인하고, 그럼으로써 수동적 지성을 활성화하는 일이다. 반면에 수동적 지성은 '물질적' 혹은 '잠재적' 지성이며 물질처럼 지각 가능한 형태를 수용할 수 있는 잠재력을 지녔기 때문에 백지처럼 텅 비어 있고 아무런 형체도 없으며 개인적이고 유한하다. 하지만 아베로에스는 수동적 지성과 능동적 지성이 모두 보편적이며 어느 것도 개인의 지성과는 일치하지 않는다고 보았다. 그는 오히려 수동적 지성과 능동적 지성이 영원한 진리의 유산을 구축하며, 개인은 학문을 이해할 때 이 유산에 참여할 뿐이라고 보았다. 그에게 질료적 지성이란 인간의 보편적 완성 또는 총체적 차원에서 모든 인간의 완성을 의미했고 종적 차원의 인류와 마찬가지로 영원한 것이었다. 따라서 인간의 사고 활동은 인류 전체에게 고유한 지성의 활성화를 의미했다.

안달루시아의 아베로에스*에게 나는 지성**이 유일하며, 이는 모두가 똑같이 생각한다는 뜻이 아니라는 것을 배웠다. 지성이 유일하다는 말은 오히려 우리가 진리를 생각할 때 수많은 의견의 다양성이 사라지며 이때 사고의 주체는 '더 이상 내가' 아니라는 것을 의미한다. 그럼에도 '더 이상 내가' 아니라는 표현은 단순히 '이전에는 내가' 있었다는 것만 뜻하지 않고 어떤 식으로든 '여전히 내가' 있다는 것을 의미한다. 왜냐하면—아베로에스의 생각대로—내가 유일한 지성에 참여하는 일은 내게 없는 **그만의** 사유를 통해서가 아니라 오히려 **나만의** 상상력 속에 깃들어 있는 유령과 욕망을 통해서만 가능해지기 때문이다. 이는 아랍 건축의 의미이기도 하다. 개개인의 상상력은 모스크의 벽을 장식하는 다양한 문양과도 같다. 혹은 여러 갈래의 빛과도 같아 수많은 통풍구를 통해 모스크 내부로 스며들며 복잡하면서도 단일한 아라베스크를 연출해낸다.

오늘날의 이탈리아인들에게 얻은 것은 경솔함
뿐, 신중함은 발견하지 못했다.

'거울'에서 나는 '우리'와 '우리 자신' 사이에 미세한 간극이 있다는 것을 깨달았다. 우리는 이 간극을 우리의 모습을 인지하는 데 소요되는 시간으로 가늠할 수 있다. 이 미세한 틈새에서 우리의 온갖 심리학적 상태가, 우리의 모든 신경증과 두려움, '나'의 승리와 추락이 유래한다. 우리가 자신을 즉각 알아볼 수만 있다면, 그러니까 이 포착 불가능한 틈새만 없다면 우리는 심리학이 전혀 필요 없는 천사와도 같을 것이다. 하지만 그렇다면 심리학과 다를 바 없는 소설도 없을 것이다. 소설이란 등장인물들이 스스로를 알아보거나 오해하는 데 소비하는 시간에 관한 이야기니까.

*   조아키노 다 피오레Gioacchino da Fiore(1130경~1202)는 이탈리아의 중세 신학자이자 피오레 수도회의 창시자다. 종말론의 해석에 전환점을 마련한 인물로 성령의 시대를 그리스도의 설교가 온전히 성취되는 다분히 아나키즘적인 시대로 이해했다. 역사를 세 시기로 구분하는 아우구스티누스의 공리 '법 이전 시대, 법이 지배하는 시대, 은총이 지배하는 시대Ante legem, sub lege, sub gratia'를 새로이 해석해 '법 이전 시대, 법의 시대, 복음서의 시대' 외에 네 번째인 '영적 이해의 시대'를 도입한 것으로 유명하다.

조아키노 다 피오레*에게서 나는 새로운 것이 결코 낡은 것을 파괴하면서 도래하지 않는다는 것을 깨달았다. 왜냐하면 도래하는 세대는 지나가는 세대를 무너트리는 것이 아니라 그 안에 담겨 있는 형상을 완성하기 때문이다. 세계의 세대는 마치 이삭과 줄기와 풀잎처럼 이어진다.

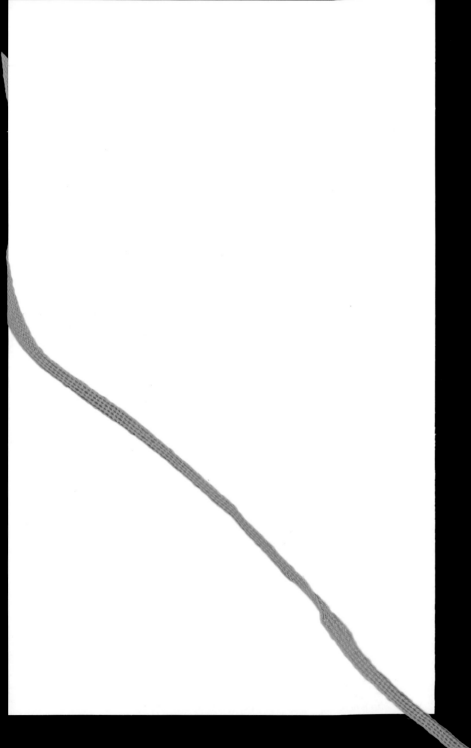

기나긴 무위의 순간들을 거치면서 나는 관조가 무엇을 관조하는지 깨달았다. 관조의 대상은 저세상이나 이세상이 아니다. 저세상에는 관조할 것이 아무것도 없고 이세상의 사물들은 그저 좋아하거나 싫어하는 대상에 불과하기 때문이다. 관조는 느낌을 느낌 안에서 관찰하고 정신을 정신 안에서, 사유를 사유 안에서, 말을 말 안에서, 예술을 예술 안에서 관찰한다. 바로 이 점이 관조를 그토록 행복한 것으로 만든다.

*   요한 바흐오펜Johann Jakob Bachofen(1815~1887)은 스위스의 법학자, 역사학자, 인류학자이며 모계사회 혹은 '여성들의 통치'에 대한 연구로 유명하다. 신화와 종교를 가부장적 사회의 개념과 정반대되는 방식으로 해석하며 19세기 말과 20세기 초에 거의 모든 인문학 분야에서 후학들에게 지대한 영향을 끼쳤다.

바흐오펜*에게서 나는 신화가 상징의 해석이고 이 해석이 오로지 이야기의 형태로만 전개될 수 있다는 것을 배웠다. 반면에 우리 신학자들은 이야기할 줄 아는 기량이 너무 부족한 나머지 그토록 단아하고 환상적인 예수의 이야기를 오히려 상징으로 변형시켜버린다. 이 상징은 그들에게 '믿음'을, 즉 일종의 교리 상자를 의미한다.

‘물’이 내게 가르쳐준 것은 어느 시점에선가 발이 바닥에서 떨어지고 몸이 거의 의도하지 않은 상태에서 저절로 뜨는 순간의 희열이다.

* 　　　장 팔로Jean Fallot(1912~1992)는 주로 이탈리아에서 활동한 프랑스 철학자다. 이탈리아의 바리, 볼로냐, 메시나 대학에서 가르쳤고 커리어 말기에 니스 대학의 철학과 정교수로 임명되었다. 아감벤이 주목한 저서는 『에피쿠로스의 철학에서 쾌락과 죽음Il piacere e la morte nella filosofia di Epicuro』이다.

에피쿠로스와 팔로*를 통해 즐거움에 관한 한 중요한 것은 최소한의 즐거움이라는 점을 깨달았다. 이 즐거움은 겨우 감지할 수 있을 정도의 느낌, 살아 있다는 단순하고 일상적인 느낌과도 다르지 않다. 아침에 깨어나면서 이 작은 기쁨을 느낀다는 것, 그리고 이 기쁨이 나를 친구로 나지막이 부르는 소리에 귀를 기울인다는 것이 중요하다.

루크레티우스*를 통해 나는 신들이 일종의 사이 세계에, 여러 사물들 사이의 틈새에서 살아간다는 것을 깨달았다. 훌륭한 신은 디테일에만 있지 않고 무엇보다도 모든 사물을 사물 자체와 분리시키는 미세한 틈새에 머문다. 스스로를 신성하게 만들면서 살아가는 기술은 집이 아니라 문턱에 머물 줄 아는 기량을, 중심이 아니라 여백에 머물 줄 아는 기량을 요구한다. 그러니까, 한마디로, 신성함이 아니라 후광을 추구할 줄 아는 기량을 요구한다.

마리아 칼라스의 노래를 직접 들으면서 깨달은 것이 있다. 우리가 글을 쓸 때 가장 어려운 점은 가장 날카로운 음색을 가느다란 목소리로 길게 유지하는 일이다.

*   에릭 페테르존Erik Peterson(1890~1960)은 개신교에서 가톨릭으로 개종한 신학자다. 생전에—키르케고르처럼—대외적으로 부각되는 것을 꺼렸고 사후에도 오랫동안 거의 알려지지 않다가, 토리노에 보존되어 있던 상당량의 원고가 발견되면서 그가 칼 바르트, 에른스트 케제만, 요제프 라칭거, 자크 마리탱 같은 걸출한 신학자들에게 지대한 영향을 끼쳤다는 사실이 드러났다. 그의 저서들은 신학과 인문학 사이의 미묘한 변증적 긴장 관계에 집중되는 성향을 보인다. 아감벤은 『왕국과 영광Il Regno e la Gloria』에서 페테르존의 견해를 집중 분석한 바 있다.

**   아감벤의 '왕국Regno'은 언제나 '신의 왕국', '하느님/하나님의 나라'를 가리킨다.

페테르존*의 글에서 나는 유대인들이 불신자들이기 때문에 왕국**의 도래를 뒤로 늦춘다고 읽었다. 그렇다면 이는 교회와 시나고그 사이에 일종의 은밀하고 수상한 연대 의식이 존재한다는 것을 의미한다. 왜냐하면 둘 다 왕국의 연착을 관리하며 이 연착에 힘입어 존재하기 때문이다. 교회나 시나고그의 입장에서 왕국은 뒤늦게 도착해야 할 기차와도 같다. 하지만 실제 상황은 정반대다. 왕국의 연착은—즉 역사는—오히려 사제들과 랍비들이 우리를 어떻게든 하차하지 못하도록 막으려는 기차에 가깝다. 사실은 우리가 이미 도착했다는 것을 알아차리지 못하도록 막아야 하기 때문이다.

'시'에서 무엇을 배웠나? 어떤 정치적 과제나 열정은 오로지 언어를 통해서만 이루어질 수 있고 이 과제는—비록 지극히 공통적인 과제임에도—어느 누구도 떠맡을 수 없으며 이를 감당해야 할 민중이 부재하는 자리에서 시인에게 주어진다는 것을 깨달았다. 오늘날 이것 외에 또 다른 정치는 불가능하다. 왜냐하면 오로지 언어의 시적인 강렬함을 통해서만, 부재하던 민중이—잠시나마—나타나 도울 수 있기 때문이다.

엘사*에게서 나는 무고함이 오로지 패러디로만
가능하고 패러디는 유아기에 남은 상처의 유일한 치
유 가능성이기도 하다는 것을, 그리고 허구를 우리
의 유일한 현실로 받아들이면 확실성을 발견할 수
있지만 희망은 잃는다는 것을 깨달았다.

사랑했지만 떠나야만 했던 곳들에서 배운 것이 있다. 우화 속의 거인처럼 그곳에 마음을 숨겨두면 우리는 분명히 강해지겠지만 그곳을 항상 기억해야 하기 때문에—그러니까 그곳에 숨겨둔 마음으로 되돌아가야 하기에—결국에는 다시 약해질 위험이 있다.

위그 드 생 빅토르*에 따르면 "섬세한 사람은 조국을 달콤하게 느끼고 강한 사람은 모든 땅을 조국으로 느끼는 반면 완벽한 사람만이 온 세상을 일종의 망명지로 이해한다." 하지만 여기에는 덧붙여야 할 것이 있다. 이 망명지는 또 다른, 천상의 조국을 가리키지 않으며, 오히려 고대인들의 조언대로 어디서든 홀로인 사람의 상태 혹은 현대인들이 말하는 어원적 의미**대로 일종의 탈출구를 발견한 사람의 상태를 가리킨다.

플라톤의 스타일에서 나는 철학이 신화를 필요로 하는 이유가 있다는 것을 깨달았다. 그것은 신화가 진실에 더 가깝기 때문이 아니라 반대로 신화가 진실이나 거짓 그 자체에는 관심이 없기 때문이다. 신화는 오히려 절대적으로 진실한―혹은 거짓인―명제를 제시한다고 주장하는 말들의 해독제에 가깝다. 어떤 명제에서 관건이 일종의 생각일 때 그것이 진실인지 거짓인지―그의 악의에 찬 제자가 요구했던 대로―밝히는 것은 불가능하다. 플라톤에 따르면 신화적인 보완 요소를 함축하기 때문에 "존재 전체의 진실과 거짓을" 함께 말할 수 있는 담론만이 철학적이다.

20세기에서? 내가 분명히 몸담았던 20세기에서 벗어나 21세기로 그저 공기를 쏘이러 나왔을 뿐이지만, 나는 오히려 이 숨 막히는 세기에서 벗어나기 위해 곧장 되돌아가야만 했다. 하지만 내가 돌아간 곳은 20세기라기보다는 오히려 시간 속의 시간에 가깝다. 이 시간을 연대기적 관점에서 설명할 재간은 없지만, 이 시간이야말로 지금 내가 관심을 두는 유일한 시간이다.

카프카를 통해 나는 구원이 가능하지만 그것이 우리를 위한 구원은 아니라는 것을 깨달았다. 달리 말하자면 우리는 구원이 더 이상 우리의 관심사가 아닐 때에만 구원을 받는다. 상황은 마치 우리가 어딘가에 꼭 가고 싶어 하지만 살다가 이를 까마득히 잊어버려 어느새 그곳에 도달했다는 사실을 누가 알려주더라도 마치 우리와는 상관없는 일이라는 듯 어깨를 으쓱이는 것처럼 펼쳐진다.

폰차*에서 나는 문맹인 여인들이 오로지 전해 들어 배운 성경 구절을 노래 부르듯 읊는 소리를 들었다. 나는 글을 읽고 쓸 줄 안다고 자처하는 이들보다 문맹들이 이루 말할 수 없을 정도로 더 훌륭하다는 것을 목격했다.

프란체스코*에게 배운 것: "단순하고 순수하게 말하고 써야 [...] 그리고 그만큼 단순하게 미사여구 없이 이해되기를" 기대해야 한다. 하지만 우리는 서로에게 미사여구를 남발할 뿐이다.

**   에이리얼은 프로스페로의 마법에서 벗어나기 위해 그를 돕는 정령이다.

114

마법사 프로스페로*가 어느 시점에선가 에이리얼**과 헤어져야 하듯이 시인에게도 그의 영감과 작별해야 하는 순간이 온다. 당연히 이런 식으로 삶도 고유의 마법을 잃는다. 반면에 이제 에이리얼의 자리를 차지하는 말 없는 천사의 이름은 다름 아닌 정의giustizia다. 달리 말하자면 철학의 본질은 영감을 정의와 일치시키려는 시인의—너무 어려워서 거의 모두가 실패하는—시도에 있다.

함께 살아간다는 것에서, 나는 타자의 존재란 풀리지 않고 공유만이 가능한 일종의 수수께끼라는 것을 깨달았다. 이 수수께끼를 함께 나누는 일, 그것을 사람들은 사랑이라고 부른다.

철학이 내게 가르쳐준 것은 무엇인가? 인간으로 존재하는 것은 우리가 아직 인간이 아니었던 순간들을 떠올리는 것과 같다. 인간의 과제는 유아기, 동물적인 것, 신성한 것을, 그러니까 아직은 인간적이지 않았던 순간과 더 이상 인간적이지 않은 순간들을 기억하는 데 있다.

*	브루노 레오네Bruno Leone는 나폴리 출신으로 꼭두각시 인형극의
마지막 달인이라 불리는 인물이다.

**	풀치넬라Pulcinella는 17세기의 콤메디아 델아르테Commedia dell'arte
에서 유래한 나폴리 인형극의 가장 대표적인 캐릭터다. 항상 코가 기다
란 가면과 고깔모자를 쓰고 등장하는 것이 특징이다. 풀치넬라는 나폴
리의 평민과 이들의 본능적인 욕구를 상징한다. 하층민이지만 문제에
봉착할 때마다 어떤 식으로든 해결책을 찾아내며 끝내 미소를 짓는 캐
릭터다.

***	피베타pivetta는 입 안에 넣고 불어서 소리를 내는 리드 유형의 피
리다.

꼭두각시 인형극 연출가 브루노 레오네*를 보며 깨달은 것: 예술의 비밀은 풀치넬라**의 목소리를 전달하는 데 있다. 물론 그것은 목소리가 아니라 납작한 나뭇조각을 실로 감아 만든 '피베타'***의 소리에 불과하다. 인형극 장인은 이 피베타를 입 안에 넣고 우물거리면서 닭 울음소리 같은 독특한 굉음을 만들어낸다. 이 소리가 아이들에게는 그토록 환상적으로 들린다. 이는 곧 시의—모든 예술의—본질이 어떤 목소리를 전달하는 데 있다는 것을 의미한다. 하지만 실제로 시의 목소리는 존재하지 않는다. 우리가 목소리라고 부르는 것은 어느 시점에선가 입안에 넣고 우스꽝스러운 움직임으로 마음껏 다룰 줄 알아야 하는 무언가에 가깝기 때문이다.

*   지노스트라Ginostra는 남부 이탈리아의 조그마한 섬 스트롬볼리의 작은 마을로 인구 40명이 채 되지 않으며 배를 타야만 갈 수 있다. 지노스트라의 항구는 배가 한 척밖에 정박할 수 없어 세상에서 가장 작은 항구로 불린다. 길이 좁아서 당나귀가 유일한 교통 수단이다.

**   탄생과 생명의 신비를 지배하는 여신 비너스의 입문 의례를 말한다.

122

지노스트라*에서 당나귀를 바라보며 떠오른 것이 있다. 고대인들에게 당나귀는 비너스의 신비**와 직결되는 동물이었고 무엇보다도 제의에 쓰이는— 즉 '신비를 실어 나르는'—동물이었다. 인간은 신비 앞에서 잘난 척을 하거나 기가 죽거나 광분하거나 고개를 조아리지만 동물은 아무런 이야기도 늘어놓지 않는다. 그저 살짝 슬픔에 잠길 뿐 이 신비를 묵묵히 실어 나른다.

우리는 노아가 방주 바깥으로 날려 보낸 비둘기와도 같다. 지상에 어떤 생명체가 살아 있는지, 하다못해 입으로 물어올 수 있는 올리브 나뭇가지 하나라도 남아 있는지 살피는 것이 우리의 임무였는데 우리는 아무것도 발견하지 못했다. 그런데도 우리는 방주로 돌아가기를 원치 않았다.

내가 보고 듣고 깨닫지 못한 것

오래전에 어머니가 내게 쪽지 하나를 읽어보라고 건네준 적이 있다. 어머니가 서랍에 보관해두었던 그 쪽지에는 놀랍게도 내가 어렸을 때 쓴 글이 적혀 있었다. 나는 너무 당황한 나머지 곧장 눈길을 돌려버리고 말았다. 그 글에는 분명히 내 철학의 비밀이자 핵심이라고 봐야 할 표현이 아주 구체적으로 묘사되어 있다. 어떻게 여덟아홉 살밖에 되지 않은 아이의 머뭇거리는 손이 내 철학의 가장 본질적인 매듭을, 다시 말해 나중에 쓰이게 될 나의—그의—모든 저서는 그 표현의 힘겹고 장구한 해설에 지나지 않는다고 봐야 할 정도로 핵심적인 내용을 무심결에, 그토록 정확히 묘사할 수 있었을까? 나는 아무 말 없이 어머니에게 쪽지를 되돌려드렸고, 그 뒤로는 다시 읽어본 적이 없다. 그것을 되찾는 일은 이제 불가능해졌고, 그 쪽지와 함께 나의 비밀도 영원히 사라졌음이 분명하다. 내게 남은 기억이라고는 그것이 무언가 텅 빈 중심 혹은 정지 상태나 틈새에 가까웠다는 것뿐이다. 그것은 마치 종이가 느닷없이 하얗게 변해버린 것 같은 느낌, 혹은 내가 살고 글을 쓰며 경험한 모든 것의 중심에 완벽하게 공허하고 완벽하게 경험 불가능한 어떤 순간이—비록 찰나에 불과하더라도—존재했으리라는 느낌에 가깝다.

당시에 글의 형태로 등장했던 것의 광채가 너무나 강렬했기에 나는 곧장 뒤로 물러서며, 내가 읽고 입으로 거의 중얼거리기까지 했던 내용을 머릿속에서 지워버릴 수밖에 없었다. 아니, 어쩌면 그 아이의—나의—손이 내가 보는 앞에서 글을 지우개로 지워버린 나머지 내 기억에는 공허함과 백색만 남은 것인지도 모른다. 왜 그토록 성급하게 그 글에서 멀어지려 했을까? 어쩌면 고백하기 힘든 어떤 질투심 때문이었는지도 모른다. 그러니까 내가 평생 말하려고 했던 모든 것이 이미 어렸을 때 쓴 그 글귀 속에 궁극적이고 탁월한 형태로 표현되어 있었고 심지어는 그런 표현의 경지에 다시 도달한다는 것이 이제는 불가능하다는 사실도 불현듯 분명히 다가왔기에 불거진 질투심 때문이었을 것이다.

이하의 문구들은 내가 영영 잃어버린 쪽지의 내용을 재구성하려는—보나마나 불가능한—시도라기보다는 어떤 이중의 결핍에 대한 성찰의 시도에 가깝다. 그 쪽지에는 사실 또 다른 공백의 기억이 각인되어 있었고, 바로 그 공백을 중심으로 나의 사유가 복합적인 형태를 취하면서 형성되었다고 볼 수 있다. 내가 뒤

이어 쓴 글들은, 매번 모든 글을 파고들며 중심을 지우고 내 모든 희미한 기억 속에 어떤 기억 상실의 흔적을 새겨놓던 그 쪽지의 망각을 보상하려는 시도에 불과했다. 그 감지 불가능한 시간의 망각이야말로 내가 간직했던 유일하게 진정한 기억이다. 어쩌면 그 기억에 가까이 다가갈 수 있었을지도 모른다. 하지만 그것이 바로 내가 '말하지 못한 것'이었고 이를 계기로 나의 기나긴 글쓰기가 가능해진 만큼, 그 기억에 다가서는 일은 '말하지 못한 것'을 알지 못한 채로 남겨둔다는 조건하에서만, 다시 말해 어둠에 가려 있으면서도 구체적이지 않은 채로, 계시되었지만 예시된 적은 없는 형태로 남겨둔다는 조건하에서만 가능했을 것이다. 바로 이것이 내게는 이미 전설이 되어버린—내가 원해서 잃었지만 이제는 없어서 무의식적으로 서운해하는—그 글에 충실할 수 있는 유일한 방법이었다. 적어도 내게는 그래 보였다.

그렇다면 한 저자의 입장에서 자신이 '말하지 못한 것'을 포착하는 일은 과연—그리고 어떤 대가를 치러야—가능한가? 이 질문을 던질 수밖에 없는 이유는 어떤 저자가—'저자'를 이 용어의 라틴어 의미인 '증인'

으로 이해할 때―자신이 '말하지 못한 것'을 구체화하지 않은 상태에서 드러내는 방식이야말로 그가 말하는 모든 것의 위상을 정의해주기 때문이다. 아니, 오히려 모든 책은 그 책이 지닌 고유의 중심에서 벗어나기 위해 쓰였다고도 볼 수 있다. 다시 말해 어떤 식으로든 이 중심에 대해 증언하면서도 이를 언급하지 않은 채로, 이를테면 맛보지 않은 상태로 남겨두기 위해 쓰였다고 볼 수 있다. 언급되지 않은 상태로 남아 있어야 하는 것을 포착할 수 있다고 과신하는 것은 곧 저자-증인이라는 고유의 위상에서 저자-저작권자의 법적 위상으로 추락한다는 것을 의미한다.

그렇다면 이는 내가 생각하고 말하려 했던 것이 내가 쓴 모든 글에서 사고된 적도, 언급된 적도 없는 상태로―혹은 간접적인 형태로만 언급된 채―남아 있다는 것을, 아울러 그 경험 불가능한 0.25초의 찰나가 내가 경험한 모든 것의 중심에 틀어박혀 있다는 것을 의미한다. 그럴 수밖에 없었을 것이다. 모든 사유가 수반하는 침묵의 문턱을 정말 뛰어넘으려 했다면, 나는 결국 아무것도 쓰지 못했을 것이다. 어떤 경우에든 결정적인 것은 주체가 그만의 '말하지 못한 것', '경험하지 못한 것'과 유지하는 윤리적인 관계, 다시 말해 그가 쓸 수 있었던 것과 침묵으로 일관할 수밖에 없었던 것 사이의 불안정한 경계다.

우리 각자는 모든 것이 그 자체 안에 휘감겨 있는, 그래서 어떤 표명 상태에서도 표명되지 않고 어떤 말로도 표현될 수 없는 형태로 남아 있는 복합적인 상황에 존재하는 동시에 모든 것이 완성된 형태로 열려 있고 해명되는, 이를테면 자유로운 제스처 안에 존재한다. 모든 것이 신 안에서 복합적인 상태로 존재하며 신이 모든 사물에 스며들어 있다고 보는 범신론적 견해도 바로 이런 차원에서 이해해야 한다. 이 두 현실은 매 순간 동시적이다. 그래서 비밀은 언제나 만천하에 노출되어 있는데도 '드디어 밝혀진' 비밀은 고유의 내부로 추락하며 불가해한 중심을 향해 침몰하는 듯이 보인다.

이 두 움직임은—신 안에서의 움직임과 우리 안의 움직임은—서로 연접해 있다. 달리 말해 표상이 부재할 때만 간신히 붙어 있다. 바로 그런 이유에서 신 안에서든 우리 안에서든 어떤 비밀도 존재하지 않는다는 것은 틀린 말이 아니다. 좀 더 분명히 말하자면 어떤 비밀도 존재하지 않으며 그저 복잡한 것이 해명되고 해명이 복잡해지는 가운데 해명 자체를 휘감는 것이 비밀일 뿐이다. 두 움직임이 연접해 있는 곳에서는―모든 표상이 사라지는 순간―환희와 광채가 있을 뿐이다. 하지만 빈번히, 우리가 표상하기를 다시―어김없이, 어쩔 수 없이―시도하는 순간, 우리는 또다시 추락하며 우리 안에 스스로를 가둔다.

왜냐하면 존재는 존재하는 방식 속으로 스며들며 사라지고, 이처럼 존재하는 방식도 존재 속으로 스며들며 사라지기 때문이다. 우리가 외면적으로 우리 스스로를 해명하며 신 안에서 움직일 때 우리는 자신을 잊고 신도 우리 안에서 사라지며 스스로를 잊는다. 우리가 잃는 것은 신의 것이다. 그럼에도, 전설에 따르면, 이블리스[사탄]는―그리고 그와 함께 우리도― 잃은 것에 대해 끊임없이 눈물을 흘린다.

바로 그런 이유에서, 우리가 창조된 목적이 무엇이든 간에 성공을 위해 창조되지 않았고 실패할 수밖에 없는 운명에 처한다는 것은 틀린 말이 아니다. 모든 예술과 학문에서, 그리고 무엇보다도 건강하고 소박하게 살아가는 데 실패할 수밖에 없는 것이 우리의 숙명이다. 그럼에도 바로 이것이―이를 이해할 수만 있다면―우리가 할 수 있는 최선이다.

　내가 찾으려 했던 것도 이처럼 분규와 조소, 전시와 심연, 어둠과 광채 사이에서 이루어지는 접촉의 틈새이자 공백이었다. 그곳에서 드러나는 비밀은 너무나 분명한 나머지 너무 쉬워서 풀지 못하는 장난스러운 수수께끼 또는 지루한 이야기로 변한다. 바로 여기에 나의 사상이 형성되는 과정에서 핵심적인 역할을 한 텅 빈 중심과, 내가 처음부터 글을 쓰며 구체화하지 않은 채로 내버려둘 수밖에 없었던 그 경험-불가능한, 축복받은 결함이 있었다.

내가 조르조에게 배우고 느낀 것들

Quel che ho imparato e intuito da Giorgio

이하의 단상들은 옮긴이가 아감벤의 독자이자 그가 펴낸 저서들 대부분을 읽고 공부한 연구자로서 그의 가르침에 보답하는 마음으로, 그에게 헌정하기 위해 쓴 글이다. 이 글을 함께 싣는 과정에서 아감벤의 검토와 동의가 있었음을 밝힌다. 그가 직접 읽어야만 그에게 헌정한다는 의미가 있을 것이기에 먼저 이탈리어로 쓰고 뒤이어 한글로 옮겼다.

이 단상들은 옮긴이가 아감벤의 철학에 대해 가지고 있는 어떤 구체적인 생각의 함축적인 묘사에 지나지 않는다. 따라서 오해의 소지는 물론 애초에 의도한 것과 다르게 읽힐 가능성도 충분히 있음을 인지하고 있다. 푸코를 언급하며 사용한 비유는 왠지 부당하게 보이고 그리스도와 호모 사케르의 연관성에 대한 설명은 터무니없이 부족하다. 하지만 이 부분에 대해서도 아감벤은 문제점을 들추기보다는 흐뭇해하며 모든 단상이 자신의 사유와 깊은 연관성이 있다는 답변을 보내왔다.

이탈리어 원문을 왼편에 함께 실은 것은 이 책을 받아 볼 아감벤을 위해서다. 이 글이 "행복은 시를 쓰는 데 있지 않고 우리가 모르는 무언가 혹은 누군가에 의해 우리 자신이 시처럼 쓰이는 데 있다"라고 말하는 그에게 작은 행복과 기쁨이 될 수 있기를 바란다.

Ciò che accomuna Nietzsche, Foucault, Agamben è l'archeologia filosofica. Ma le differenze tra questi autori sono piuttosto nette anche riguardo al loro comune elemento. Nietzsche iniziò a scavare, ma a furia di accumulare tutto ciò che trovava, finì per costruire una specie di montagna in cui si ritirovò costretto a salire continuamente. Così un giorno decise di rimanere in cima alla sua montagna a contemplare il crepuscolo, scrivendo le ultime opere. Foucault, a sua volta, costruì una sorta di museo archeologico—dei discorsi che formano un percorso espositivo—in cui chi vi entra si addentra nel mondo passato per poi uscirne con la convinzione di aver ricomposto il presente. Agamben, invece, non costruì nulla. Ha preferito lasciare tutto ciò che ha trovato così come era, nello stesso luogo in cui l'ha trovato. Così, ciò che vediamo ora somiglia ad un sito archeologico dove proprio i suoi pensieri emergono come testimonianze e tracce non solo dei cambiamenti avvenuti nel tempo, ma soprattutto, delle mancate occasioni per ricostruire le fondamenta così fragili del sapere umano. Qui sorprendentemente, ci rendiamo conto che ciò che risale dal buio più profondo del passato è più vero e presente che mai, proprio per l'ora in cui ci troviamo.

니체, 푸코, 아감벤이 지닌 공통점은 '철학적 고고학'이다. 하지만 공통점의 측면에서도 이 철학자들 사이에는 비교적 뚜렷한 차이점이 있다. 니체는 과거를 파헤쳤지만 찾아낸 모든 것을 쌓아 올리기만 한 탓에 결국 산을 만들었고 끝내는 자신이 만든 산을 오르내려야 하는 지경에 처하고 말았다. 그래서 어느 날 니체는 자신이 만든 산 정상에 머물기로 하고 '황혼'을 바라보며 마지막 작품을 썼다. 반면에 푸코는 일종의 고고학 박물관을─그의 '담론'으로 일종의 탐색 코스를─만들었다. 그의 박물관에 들어선 사람은 과거를 탐험한 뒤 현재를 재구성했다는 확신을 얻고 나온다. 하지만 아감벤은 아무것도 만들지 않았다. 그는 자신이 발견한 모든 것을 발견한 곳에 발견한 상태 그대로 놔두기를 원했다. 결과적으로 우리가 목격하는 것은 일종의 고고학 발굴 현장에 가깝다. 이곳에서 그의 사유는, 단순히 시간이 흐르면서 일어난 변화뿐만 아니라 인간이 구축해온 지식의 취약한 기반을 재구성할 수 있었음에도 놓친 기회들의 증언이자 흔적처럼 부각된다. 여기서 우리는 놀랍게도 과거의 가장 깊은 어둠 속에서 부상하는 것이 어느 때보다도 오늘날에 사실적이고 실재적으로 다가온다는 점을 깨닫는다.

È successo più volte che un pensatore si rivolgesse ad ognuno per il bene di tutti, e i suoi avversari dichiarassero di non comprenderlo a nome di tutti per il bene di ciascuno che si rivolge sempre e comunque a se stesso. In maniera analoga, accade che quando Agamben si rivolge al passato, i suoi avversari si affidino ad un futuro anonimo col tono di chi ha già stabilito come dovrebbe andare il futuro.

한 철학자가 모두의 유익을 위해 한 사람 한 사람에게 호소하는데, 그의 비판자들이 모두의 이름으로, 자신밖에 모르는 개개인의 이익을 대변하며, 그를 이해하지 못하겠다고 반박하는 경우는 빈번히 일어났던 일이다. 아감벤에게도 이와 비슷한 일이 일어난다. 그가 과거에 대해 말할 때 그의 비판자들은 이름 없는 미래를 내세우며 마치 미래가 어떤 식으로 전개되어야 하는지 이미 결정해버린 것 같은 어투로 말한다.

La lettura dei libri che compongono Progetto Homo Sacer suscita — prima a tratti e poi continuamente — la sensazione di camminare sull'acqua, poichè tutto ciò che ci sembra di poter cogliere nelle profondità, in realtà, ci riguarda direttamente e ci tocca, tanto vicino da sorreggerci, miracolosamente.

『호모 사케르 전집Homo Sacer Edizione integrale』(1995-2015)에 실린 책들의 독서는 처음에는 간간이, 뒤이어 지속적으로 마치 물 위를 걷는 듯한 느낌을 선사한다. 우리가 머나먼 과거에서 간신히 포착한다고 느끼는 모든 것이 실제로는 우리와 직접 연관되어 있고, 너무나 가까이 와닿아서 마치 우리를 기적적으로 떠받치는 것처럼 느껴지기 때문이다.

È un errore considerare la filosofia di Agamben come un debole 'Sì' alla vita. Le cose stanno in modo radicalmente opposto. Si tratta di un 'Sì' alla vita dell'intelletto umano profondamente scisso e fragile che ora, insieme a lui, riconosce la neccesità di abbandonare definitivamente l'abitudine di dichiarare essenziale qualsiasi camuffamento della propria debolezza. Si tratta di dire un 'Sì' degno di vita.

아감벤의 철학을 삶에 대한 약한 긍정으로 이해하는 것은 잘못이다. 사실은 정반대니까. 관건은 오히려 약하고 뿌리 깊게 분열된 인간의 지적 삶에 대한 긍정이자, 이제 스스로의 약함을 어떤 식으로든 위장하는 것이 본질적이라고 선언하는 습관에서 완전히 벗어나야 한다는 점을 그와 함께 인식하는 지성에 대한 긍정이다. 그가 말하려는 것은 삶만큼이나 존엄한 긍정이다.

Da Giorgio, ho appreso che un filosofo deve essere anche benevolo e indulgente per essere veramente critico nei confronti del mondo umano che indaga. Perchè altrimenti rischia di diventare il promotore del problema che pone per risolverlo. Da questo punto di vista, la sua filosofia è anche una forma di benevolenza.

조르조에게서 나는 철학자가 세상에 대해 진정으로 비판적인 태도를 견지하려면 그가 탐구하는 인간 세계에 대해 자혜롭고 관대하기도 해야 한다는 점을 배웠다. 그러지 않으면 그가 해결할 목적으로 제시하는 문제점을 오히려 조장하는 위치에 설 위험이 있기 때문이다. 그런 의미에서 아감벤의 철학은 자혜의 한 형식이기도 하다.

È ovvio—anche se si stenta a chiarirne—che Cristo non è homo sacer o almeno non è definibile come tale, poichè fu sacrificato pur essendo innocente. Ciò che è meno ovvio, ma più essenziale è che la figura di Cristo non è neanche spiegabile al dì fuori del discorso paradigmatico sull'homo sacer.

* 호모 사케르Homo sacer는 살해해도 죄가 되지 않지만 신성한 희생 제의의 번제물은 될 수 없는 존재를 가리킨다.

그리스도는 호모 사케르*가 아니다. 다들 이를 밝히는 데 어려움을 느끼지만, 적어도 그렇게 정의될 수 없다는 것만큼은 분명하다. 왜냐하면 무고한 존재임에도 불구하고 희생제의의 제물이 되었기 때문이다. 하지만 덜 분명할 뿐 더 중요한 것은, 호모 사케르에 대한 패러다임적인 담론을 벗어나면 그리스도가 누구인지에 대한 설명조차 불가능해진다는 사실이다.

Giorgio sostiene che del piacere è importante la sua misura minima. Allora, questo significa che il minimo grado del piacere è esattamente il massimo che si possa raggiungere, poichè il vero piacere come pura potenza dovrebbe respingere le sensazioni vacue che dominano schiacciando quella di esistere.

조르조는 "즐거움에 관한 한 중요한 것은 최소한의 즐거움, 살아 있다는 느낌"이라고 말한다. 그렇다면 이는 곧 최소한의 즐거움이 최대한의 즐거움과 다를 바 없다는 것을 의미한다. 왜냐하면 진정한 즐거움은 순수한 잠재력이며 그런 의미에서, 존재하는 즐거움까지 짓누르며 압도하는 허무한 감각들을 거부하기 때문이다.

Che ci resti da indagare e condividere solo il passato che è l'unica misura possibile del presente, significa anche che oggi il futuro non è più degno della nostra attenzione. Non perchè non c'è nulla da scoprire nel futuro di ognuno, ma perchè l'uomo di oggi tende, ormai comunemente, a non condividerlo con nessuno, tenendolo nascosto. È per questo che qualsiasi critica originata sia dal presente che dal futuro non può che causare dei fraintendimenti.

* 예를 들어 지식의 또 다른 이름인 '노하우'는 특별히 미래 지향적인 성격을 지녔을 뿐 아니라 공유와는 거리가 먼 유형의 지식이다.

우리가 탐구하고 공유할 만한 것은 과거뿐이며, 과거만이 현재의 유일한 척도라는 아감벤의 말은 동시에 미래가 더 이상 우리의 관심을 독차지할 만한 가치가 없다는 것을 의미한다. 이는 각자의 미래에서 발견할 것이 전혀 없기 때문이 아니라, 오늘날에는 인간이 미래를 누구와도 공유하지 않고 오히려 숨기는 것이 아주 일반적인 성향이 되어버렸기 때문이다.* 현재나 미래를 기준으로 제기되는 모든 비판이 오해를 야기할 수밖에 없는 것도 바로 이 때문이다.

Secondo Giorgio, "la conoscenza—anche la conoscenza di Dio—non esiste e, se esiste e resta tale, non è importante: decisivo è soltanto 'l'esser mossi', la spinta che ne riceviamo." Ciò perchè confondere la conoscenza—soprattutto la conoscenza di Dio—con la sua esistenza non può che portare l'uomo a misconoscere tale spinta ed a illudersi di aggirarla ritenendo erroneamente che la spinta serva unicamente al consolidarsi della concordanza tra la conoscenza e l'esistenza del suo oggetto.

아감벤에 따르면 지식은—신에 대한 앎도—존재하지 않는다. 만약 존재한다면, 그리고 존재하듯 남는다면 그 앎은 전혀 중요하지 않다. 결정적인 것은 오로지 그로 인해 우리가 '움직였다는' 것, 앎이 우리를 '자극'한다는 것뿐이다. 왜 그런가? 이는 지식을—특히 신에 대한 앎을—그것의 존재와 혼동할 때, 인간이 '자극'의 실상을 파악하지 못하고 그것이 지적 대상의 존재와 지식 사이의 일치를 확고히 하는 데 쓰일 뿐이라고 곡해하면서 '자극'을 우회할 수 있다는 착각에 빠지기 때문이다.

Giorgio dice: "amare veramente qualcuno significa vederlo simultaneamente in Dio e nel tempo. Tenerezza e ombra del suo esistere qui e ora—ambra e cristallo del suo essere in Dio." Ecco perchè noi, intendendo ciò in maniera del tutto opposta—cercando di vedere solo 'ambra e cristallo' del suo esistere nel mondo e 'tenerezza e ombra' del suo essere in Dio—siamo così incapaci di amarci l'un l'altro.

조르조는 이렇게 말한다. "누군가를 진정으로 사랑한다는 것은 곧 그를 시간 안에서 보는 동시에 신 안에서도 본다는 것을, 지금 여기에 존재하는 그의 연약함과 그림자뿐만 아니라 신 안에 존재하는 그의 정수와 향기도 느낀다는 것을 의미한다." 그렇다면 우리가 서로를 그토록 사랑하지 못하는 이유는 분명히 이를 우리가 항상 정반대로, 그러니까 이 세상에 존재하는 그의 '정수와 향기'만을, 그리고 신 안에 존재하는 그의 '연약함과 그림자'만을 보기 때문일 것이다.

옮긴이의 글

아감벤의 『내가 보고 듣고 깨달은 것들』은 그가 지금까지 사용해온 모든 서술 양식과 형태에서 완전히 벗어나 있다. 문헌학적 분석이나 패러다임의 경계를 추적하는 계보학적·고고학적 탐색은 사라지고 그가 항상 은밀하게 추구해온 철학의 시적 세계만이 전면에 부각된다. 그가 철학과 시의 조합을 끊임없이 추구하는 가운데 도달한 어떤 경지를 자각하면서, 어떻게 보면 자신뿐만 아니라 자신의 철학, 자신이 탐구한 세계 모두에 대한 통찰과 이 모든 것에서 비롯되는 감동이 한데 어우러지는 경지에 도달하면서 이 책을 썼으리라는 점은 어느 정도 분명해 보인다. 섬광처럼 번뜩이는가 하면 폐부를 찌르기도 하는 그의 단상들은 그가 추구해온 시적 산문 양식의 정수를 보여준다. 하지만 이런 글쓰기를 완성된 형태로 선보이는 것이 지은이의 우선적인 목적이었다고 보기는 힘들다. 왜냐하면 황혼에 접어든 아감벤이 자신의 생애와 철학을 되돌아보며 마치 시간이 얼마 남지 않았다는 듯 빠르고 간략하게 써 내려간 일종의 철학적 유언에 가깝기 때문이다. 그래서 그의 단상들은 시나 일기의 한 구절처럼 쉽게 읽히면서도 나름대로 의미심장한 교훈이나 가르침을 전해준다. 하지만 이 글들은 철학과 앎에 대한 아감벤의 기본적인 자세와 입장이 무엇인지 헤아리는 데 유용한 단서로도 읽을 수 있고, 그가 주요 저서에 체계화한 철학 이론의 가장 본질적인 측면들을 파악하는 데 실마리를 제공하는 일종의 키워드나 비유로도 읽을 수 있다.

아감벤은 이렇게 말한다. "훌륭한 신은 디테일에만 있지 않고 모든 사물을 사물 자체와 분리시키는 미세한 틈새에 머문다."(91쪽) '틈새'라는 표현은 아감벤의 핵심 용어들 가운데 하나인 '경계'와 무관하지 않다. '경계'가 어떤 패러다임의 의미나 기능이 완전히 사라지거나 새로이 시작되는 지점을 가리킨다면, 사물의 이름과 실체 사이의 '틈새' 역시 이름과 실체가 서로에게 무의미해지는 지점의 '경계'에 가깝다고 볼 수 있다. '경계'의 의미가 이처럼 전혀 다른 차원의 문맥에 녹아들 수 있다는 것은 거꾸로 이 용어가 단순한 기능적 개념어에 그치지 않고 인간의 정신세계를 관찰하는 아감벤의 보다 포괄적인 시점으로까지 확대된다는 것을 의미한다. 따라서 사물에 대한 이해와 사물 자체의 틈새는 다름 아닌 철학과 현실, 이론과 실재, 본질적으로는 우리가 이해할 수 있는 것과 이해하려는 것 사이의 틈새로 틈새 안에서만, 따라서 더욱더 좁아지며 확대된다고 볼 수 있다. 바로 그런 이유에서 우리가 간절히 알고 싶어 하는 신도 이 틈새 안에 머문다. 분명한 것은 신이 지성과 지적 한계의 틈새 안에서만 발견된다는 점이다. 신에 대한 앎이 신의 존재와 뒤섞일 수 없는 것도 이 때문이다.(21쪽)

'틈새'는 사물들 사이에서뿐만 아니라 사람과 사람, 지적 주체들 사이에서도 발견된다. 아감벤이 아베로에스의 '유일 지성'을 언급하며 제시하는 설명에 따르면, 지성이 유일하다는 것은 "모두가 똑같이 생각한다는 뜻이 아니라 우리가 진리를 생각할 때 수많은 의견의 다양성이 사라지기 때문에"(75쪽) 사고의 주체는 '내'가 아니며 '나'는 그저 유일 지성에 참여할 뿐이라는 것을 의미한다. 바로 그런 이유에서 아감벤은 유일 지성을 모스크에, '나'를 모스크의 수많은 모자이크 문양에 비유한다. '틈새'는 이 문양들 사이에서, 또 "수많은 통풍구를 통해 모스크 내부로 스며들며 복잡하면서도 단일한 아라베스크를 연출해내는"(75쪽) 여러 갈래의 빛줄기 사이에서 발견된다.

그렇다면 지은이가 이 틈새에서 발견한 신에게 기대하는 것은 무엇인가? 구원을 기대한다고는 말하기 어렵다. 왜냐하면 "구원은 가능하지만 그것이 우리를 위한 구원은 아니기" 때문이다. 좀 더 정확히 말하자면

"우리는 구원이 더 이상 우리의 관심사가 아닐 때에만 구원을 받는다."(109쪽) 이는 구원이 우리가 갈망하는 것의 또 다른 이름이지만 구원 자체는 갈망의 대상이 아니라 오히려 갈망의 해소에 가깝다는 것을, 따라서 구원이 기대할 만한 것이라기보다는 구원에 대한 기대마저 신이 머무는 틈새에 같이 머물러야 한다는 것을 의미한다. 이는 예외 상태의 선포에 가까운 구원을 구원으로 볼 수 없기 때문이다.

내가 아는 한 아감벤은 무언가의 본질이 '원래' 그렇다는 투로 말하지 않는다. 이런 특징은 그가 "과거를 계획하는" 철학의 고고학자라는 점을 감안하면 상당히 아이러니하게 다가온다. 하지만 이를 증언이라도 하려는 듯 그는 이렇게 말한다. "최초의 진리란 존재하지 않는다. 최초의 실수만이 존재할 뿐이다."(15쪽) 여기서 아감벤이 거부하는 것은 어떤 절대적 원리에서 출발하기 때문에 모순을 생산하는 철학적 방법론이다. 그는 오히려 오해의 소지가 있더라도 기꺼이 모순에서 출발하기 때문에 이를 비판하고 수정하며 진리에 도달할 수 있는 방법론을 선호한다. 이 방법론의 이름이 바로 '철학적 고고학'이다. 이런 특징은 단순히 절대적인 전제보다 충실한 결론이 중요하다는 뜻으로만 이해할 것이 아니라 전제는 틀릴 수밖에 없다는 근원적인 차원에서, 즉 실수에서 출발하지 않은 진리의 성곽은 무너질 수밖에 없다는 차원에서 이해할 필요가 있다.

이런 논리는 정반대 경우에도 그대로 적용된다. 아감벤은 과거뿐만 아니라 미래마저도 실수로, 꿈을 한계로 간주한다. 그는 이렇게 말한다. "인간이 이루려는 꿈이야말로 그의 한계다. […] 우리는 가장 자신 있고 가장 완벽할 수 있다고 믿는 곳에서 우리의 한계 역시 발견한다."(65쪽) 그래서 그는 돌이킬 줄 아는 지혜가 필요하다고 충고하는데, 꿈이 곧 한계라는 말은 그의 철학적 고고학이 준수하는 하나의 규칙이기도 하다. "과거를 계획하는" 것이 현재를 이해하는 유일하게 합리적인 방식이라고 밝히는 아감벤의 철학은 결국 인류가 언제나 꾸어왔고 여전히 꾸고 있는 꿈 자체를 문제 삼는 철학이기도 하다.

이 책에 실린 단상들은 표현이 주는 인상이나 개별적인 메시지를 중심으로 평이하게 읽어도 무리가 없지만 동시에 그가 체계화한 철학과도 깊은 연관성이 있다는 점을 인정하지 않을 수 없게 만든다. 그런 의미에서 아감벤이 탐구해온 모든 것에 새로운 빛을 비추고 새로운 결을 부여하는 이 단상들은 분명히 그의 철

학적 유언으로도 읽힌다. 어떤 의미에서는 그의 지적·
철학적 유산이 과연 누구에게 돌아갈 것인지도 이 책
에 명시되어 있다고 볼 수 있다. 그가 남긴 유산의 상
속자는 그의 철학을 깊이 이해한다기보다는 그의 말에
깊이 동의하는 이들일 것이다. 왜냐하면 그의 글은 그
가 보고 듣고 깨달은 것들에 대한 이야기지만 사실은
우리가 눈이 있어도 보지 못하고 귀가 있어도 듣지 못
한, 그래서 깨닫지 못했던 것들에 관한 이야기이고, 깨
달음에는 동의가 필요 없지만 깨닫지 못한 것에 대한
이해는 언제나 동의를 요구하기 때문이다.

윤병언

내가 보고 듣고 깨달은 것들

조르조 아감벤 지음
윤병언 옮김

초판 1쇄 2023년 10월 30일
초판 2쇄 2023년 11월 20일

펴낸이. 조수연
펴낸곳. 크리티카
편집. 김지혜
크로키. 조항민
디자인. 박수진
팩스. 0504 478 0761
이메일. criticapublisher@naver.com
블로그. blog.naver.com/criticapublisher
페이스북. 인스타그램. /criticapublisher/

정가 19,000 원
ISBN 979-11-980737-1-6 03190